# Veröffentlichungen des Deutschen Vereins für Volks-Hygiene.

Im Auftrage des Zentralvorstandes
in zwanglosen Heften herausgegeben
von
Sanitätsrat Dr. K. Beerwald, Berlin.

Heft I.

# Verhütung der Tuberkulose
## (Schwindsucht)

Vortrag
von
**Geheimrat Prof. Dr. E. v. Leyden**
gehalten im Bürgersaal des Rathauses zu Berlin.

Mit 4 Textfiguren.

Sechste Auflage.
(47. bis 56. Tausend.)

München und Berlin.
Druck und Verlag von R. Oldenbourg.
1908.

## Leitworte:

I. Bedenket, daß die Tuberkulose verhütbar und heilbar ist!

II. Laßt Euch nicht von Tuberkulosekranken anhusten oder auf den Mund küssen!

III. Spuckt niemals auf den Fußboden!

IV. Haltet Euch peinlich sauber an Händen, Kleidern und Wäsche!

V. Die Tuberkulose ist eine Wohnungskrankheit, darum laßt reichlich Luft und Licht in jede Wohnung eintreten!

VI. Nähret Euch verständig und härtet Euren Körper ab!

---

Das Programm des Deutschen Vereins für Volks-Hygiene, dem ich seit seiner Begründung als Vorstandsmitglied angehöre, beruht auf dem eifrigen Bestreben, alle Kreise des deutschen Volkes mit jenen Fortschritten und Errungenschaften zu durchdringen, welche zur Erhaltung der Gesundheit und zur Führung einer verständigen gesundheitsgemäßen Lebensweise durch die medizinische Forschung und Erfahrung als maßgebend erkannt worden sind. Einleitung.

In diesem Programm liegt nicht nur die Berechtigung, sondern auch die Pflicht der vorliegenden Abhandlung.

Anzahl der Tuberkulose-Erkrankungen

Die Zahl derjenigen, welche von der Tuberkulose befallen werden, ist eine außerordentlich große: für ganz Deutschland berechnet man sie auch heute noch auf mehr als 1 000 000. Es würde sich mithin ergeben, wenn man die Bevölkerung des Deutschen Reiches auf ca. 56 Millionen annimmt, daß unter je 56 Menschen einer an dieser Krankheit leidet. So erschreckend groß diese Zahl an und für sich ist, bleibt sie dennoch hinter den wirklichen Verhältnissen zurück, da die Anfangsstadien dieser Krankheit kaum sofort in ihrer ganzen Tragweite erkannt werden, ja oft überhaupt nicht einmal in ärztliche Beobachtung kommen.

Bei der großen Verbreitung der Tuberkulose ist die notwendige Folge, daß jeder Mensch fast täglich mit Tuberkulosekranken in Berührung kommen kann. Die glänzenden Untersuchungen Robert Kochs haben die Ansteckungsfähigkeit der Tuberkulose außer Frage gestellt, und so besteht für jeden Menschen mehr oder weniger die Gefahr, mit dieser Krankheit angesteckt und von ihr befallen zu werden. Es ist daher unter den sozialhygienischen Fragen der Gegenwart keine berechtigter und dringender als diejenige: Wie verhüten wir eine solche Ansteckung und wie schützen wir uns vor einer so ernsten Erkrankung?

Wenn die Beantwortung dieser Frage eine erschöpfende und für jeden verständliche sein soll, so wird es unvermeidlich, Dinge zu sagen und auf Verhältnisse hinzuweisen, die vielen bereits bekannt sind und, weil ihnen bekannt, überflüssig erscheinen. Hier aber hat ein solcher Vorwurf keine Berechtigung; er muß zurücktreten vor der unbedingt notwendigen Annahme, daß, auch selbst dort, wo keine Vorkenntnisse vorhanden sind, der Betreffende aus meinen Ausführungen sich doch zur Genüge darüber soll unterrichten können, wie er den verheerenden Folgen der Tuberkulosekrankheit begegnen kann.

Soweit die geschichtlichen Nachweise für das Menschengeschlecht reichen, wird auch der Tuberkulose gedacht. Zu jeder Zeit ist sie für die Menschen eine Geißel gewesen, und gewiß galt auch für die Vergangenheit das beklagenswerte Heute: Keinen Stand und kein Alter verschont die Tuberkulose; sie dringt in die Hütten der Armen, aber auch vor den Palästen der Reichen macht sie nicht Halt; Kinder und Greise rafft sie dahin, nicht weniger jedoch sucht sie ihre Opfer unter denen, welche in der Blüte des Lebens, auf der Höhe ihrer Schaffenskraft stehen.

Heilbarkeit der Tuberkulose

Bis in die neueste Zeit sah man sich wehrlos dem tückischen Feinde gegenüber, und indem man ihn als eine unabwendbare Schicksalsfügung, als ein trauriges Los betrachtete, zählte man ihn zu jenen unheilbaren Krankheiten, gegen deren Entstehung es keinen Schutz gab. Kaum hat die medizinische Forschung einen schöneren Erfolg zu verzeichnen, als daß sie diesem Irrglauben ein Ende machte. Sie trug hellstrahlendes Licht in das bisherige Dunkel und hat die Belehrung, wie man dieser Krankheit begegnen könne, zu einer schönen Pflicht für den modernen Arzt gemacht.

Die Bewegung zur Bekämpfung der Tuberkulose gehört recht eigentlich den beiden letzten Jahrzehnten des abgelaufenen Jahrhunderts an und hängt auf das innigste mit derjenigen neuesten Entwicklungsstufe unserer Kultur zusammen, welche gerade auf ärztlichem und hygienischem Gebiete eine so außerordentlich segensreiche Vervollkommnung gezeitigt hat. In keinem anderen Zeitraume hat sich die öffentliche Gesundheitspflege in ähnlicher Weise entwickelt, und Hand in Hand mit ihr ging die sozialreformatorische Bewegung, welche beide dann ihren unmittelbaren Ausdruck fanden in der sozialen Gesetzgebung, der Schöpfung unseres vielgeliebten großen ersten Kaisers und seines großen Kanzlers.

Das Gefühl des einzelnen, daß er einen untrennbaren Teil des großen Ganzen bildet, daß ein jeder Mitbürger uns und wir einem jeden angehören, daß den Wohlhabenden und Reichen die Pflicht obliegt, dem Unbemittelten und namentlich dem vom Unglück Heimgesuchten nach Kräften beizuspringen, — hat die Wohltätigkeit und werktätige Nächstenliebe in den letzten Jahrzehnten zu herrlicher Blüte entfaltet; ich darf wohl sagen, daß gerade der Wunsch, die Erkrankungen an Tuberkulose zu vermindern, diesen hochherzigen Empfindungen Anreiz und Inhalt gab.

**Deutsches Zentralkomitee für die Errichtung von Heilstätten für Lungenkranke.**

Frühzeitig haben wir erkannt, daß, wenn wir dieser verheerenden Volksseuche gegenüber wirksam und erfolgreich sein wollen, wir dazu der Mithilfe aller Kreise und Stände bedürfen, und unser Aufruf zu solcher Mithilfe und Mitarbeit hat einen lauten Widerhall im ganzen Deutschen Reiche gefunden: aus allen Ständen und Berufsklassen, aus allen Gemeinden und Städten haben sich Frauen und Männer zu dem gemeinsamen Werke vereinigt. Den Mittelpunkt für diese Abwehrbestrebungen bildet das „Deutsche Zentralkomitee zur Errichtung von

Heilstätten für Lungenkranke" unter dem Vorsitz Sr. Exzellenz des Staatssekretärs des Innern, Grafen v. Posadowsky. Auch die Ausbildung der sozialen Gesetzgebung hat an dieser segensreichen Entwicklung einen hervorragenden Anteil, da sie dem Reichsversicherungsamt die Möglichkeit schuf, eigene Heilanstalten für die Versicherten zu bauen und aus eigenen Mitteln in Betrieb zu setzen.

Mit diesem siegreichen Vorgehen ist Deutschland im Kampfe gegen die Tuberkulose ein Vorbild für alle Nationen geworden. Zwar sind gleiche Bestrebungen in fast allen anderen zivilisierten Ländern hervorgetreten; aber ihnen fehlte mit der sozialen Gesetzgebung die Möglichkeit, ebenso schnell zu positiven Resultaten zu gelangen. Neidlos wurde dieses auch auf dem Tuberkulosekongreß in London 1901 zum Ausdruck gebracht, und ohne Einschränkung wurden die großen Verdienste Deutschlands auf diesem Gebiete anerkannt.

Doch diese tatkräftige Unterstützung aus Laienkreisen und seitens der Staatsbehörden hätte nicht genügt, wenn nicht die Fortschritte der medizinischen Wissenschaft ihnen die richtigen Wege gewiesen und damit die Möglichkeit zum Erfolge gehabt hätten.

Anstaltsbehandlung der Tuberkulose zuerst durch Hermann Brehmer

Der erste wesentliche Fortschritt bestand in dem Nachweis, daß die Tuberkulose eine heilbare Krankheit sei. Vor jetzt 50 Jahren (1854) trat zuerst ein junger deutscher Arzt, Dr. Hermann Brehmer (gest. 1889), mit der Idee, fast möchte ich sagen, Anmaßung hervor, er könne die Lungenschwindsucht heilen, und gründete für seine Zwecke im Jahre 1854 die später so berühmt gewordene Heilanstalt Görbersdorf in Schlesien. Anfangs wurde er gar nicht beachtet, und energisch wurde von anderer Seite die Heilbarkeit der Tuberkulose bestritten. Als dann aber mehr und mehr von Schwindsüchtigen, die bei ihm ihre letzte Zuflucht gesucht hatten, seine glänzenden Erfolge verkündet und verbreitet wurden, begannen endlich, viele Jahre nach seinem Hervortreten, seine Ideen durchzuschlagen und die Sanatorienbehandlung als solche Anerkennung zu finden. In Falkenstein entstand unter Dettweilers bewährter Leitung ein Sanatorium, und andere große Heilanstalten gewannen Ansehen und Vertrauen auch von ärzlicher Seite, freilich immer noch vielfach mit Zweifeln über die wirkliche Heilbarkeit der Tuberkulose gepaart. Diese Zweifel zerstreut zu haben, muß als großes Verdienst den Lungenheilstätten zugesprochen werden. Noch auf dem ersten Tuberkulosekongreß in Berlin war der Unglaube an die Heilbarkeit dieser Volkskrankheit ein so großer, daß selbst im Referat dieser Punkt nicht ohne Widerspruch blieb, während auf dem erwähnten Londoner Kongreß bereits die Tuberkulose nicht nur als heilbar, sondern in ihren Anfängen sogar als leicht heilbar allgemein anerkannt wurde. Welchen Einfluß auf den Kranken die nunmehr wohl begründete Hoffnung auf die Heilbarkeit seines Leidens haben mußte, kann niemand besser beurteilen als wir Ärzte. Gegenwärtig wird sich kaum noch ein Tuberkulöser von Anfang an für unheilbar und verloren halten, und die Erklärung, daß im Auswurf Tuberkelbazillen gefunden seien, hat ihren Schrecken verloren. Denn wenn der Arzt einen solchen Fund bei seiner Untersuchung des Auswurfes macht, darf er ihn dem Kranken nicht verheimlichen, was unter anderem auch Dr. Noel Bardswell auf dem Londoner Kongreß energisch verlangt hat, damit der Patient die nötige Vorsicht übe, um einer Verbreitung der Krankheit durch sich selbst möglichst vorzubeugen.

Entdeckung des Tuberkelbazillus.

Die zweite, für die Bekämpfung der Tuberkulose grundlegende Tat war die Entdeckung des Krankheitserregers, des Tuberkelbazillus, durch Robert Koch im Jahre 1882. Der Tuberkelbazillus ist ein winzig kleines Stäbchen, deren mehrere Tausend zusammengehäuft sein müssen, bis sie dem unbewaffneten Auge etwa in der Größe einer Stecknadelspitze bemerkbar werden.

Fig. 1. Tuberkelbazillen (mit Karbolfuchsin rot gefärbt) im Auswurf (1000fach vergrößert).

Disposition zur Erkrankung

In der vorstehenden Abbildung sehen Sie in tausendfacher Vergrößerung derartige Bazillen, rot gefärbt, und zwar nicht von Natur, in welchem Zustande sie gänzlich farblos sind, sondern künstlich, um sie überhaupt sichtbar zu machen. Wenn diese kleinsten Lebewesen in den menschlichen Körper gelangen, z. B. durch Einatmung, und die Bedingungen zu ihrer Weiterentwicklung vorfinden, was wir Disposition nennen, so sind sie imstande, die Tuberkulosekrankheit zu erzeugen.

Tuberkulose nicht erblich.

Auch die Entdeckung des Tuberkelbazillus fand nicht sogleich allgemeine Anerkennung. Man hatte sich zu sehr daran gewöhnt, eine hauptsächliche Ursache der Lungentuberkulose in der Vererbung zu suchen, und verstand sich nur allmählich dazu, für diese Krankheit die Ansteckung, beruhend auf der Übertragung des Tuberkelbazillus, verantwortlich zu machen. Allerdings nehmen wir auch noch heute an, daß nicht alle Menschen im gleichen Maße für die Krankheit empfänglich sind, und es ist als eine Tatsache der Erfahrung anerkannt, daß die Disposition für diese Krankheit mehr oder weniger erblich sein kann: die Kinder tuberkulöser Eltern sind empfänglicher für sie als andere. Eine direkte Vererbung der Krankheit aber, d. h. die Geburt tuberkulöser Kinder von tuberkulösen Eltern, konnte trotz sorgfältigster Forschung bisher nur in der außerordentlich geringen Anzahl von 5—6 Fällen nachgewiesen werden, so daß diese mehr als unglückliche Ausnahmen und nicht als die Regel zu betrachten sind. Manche von Ihnen werden freilich sagen: Ich kenne doch mehrere Familien, in denen Kinder von Eltern, die an Tuberkulose litten, ebenfalls an Tuberkulose erkrankten. Die genauere Untersuchung dürfte aber wohl in allen diesen Fällen feststellen, daß der erneute Ausbruch der Krankheit nur auf Ansteckung beruht, für welche durch den Umgang und das ständige Zusammensein mit den tuberkulösen Eltern reichliche Möglichkeit gegeben ist. Dagegen haben wir entschieden Fälle, und von ihnen kann ich mich auf mehrere aus eigener Erfahrung berufen, wo die von schwindsüchtigen Eltern abstammenden Kinder, nachdem die Eltern bald nach der Geburt starben, sich vollkommen gesund entwickelt haben und durchaus frei von Tuberkulose geblieben sind. Es ist gewiß höchst beklagenswert, wenn dem Kinde durch den Tod die Eltern entrissen werden; für das Gedeihen der Kinder ist es aber in den vorliegenden Fällen, aus denen mir augenblicklich besonders zwei mir näher stehende Professorenfamilien erinnerlich sind, unbedingt vorteilhaft, wenn sie dem Zusammenleben mit den schwindsüchtigen Eltern entzogen sind. So beruht die Erblichkeit, von der man bisher sprach, zum allergrößten Teil nur auf Ansteckung, welche freilich erleichtert wird durch die erhöhte Disposition für diese Krankheit bei den Nachkommen tuberkulöser Eltern. Neuerdings ist sogar v. Behring geneigt, die größte Zahl der Tuberkulose-Infektionen ins früheste Kindesalter zu verlegen. Mögen sich nun eine derartige Ansteckung und die alte Annahme von der Erblichkeit auch nahe berühren, dasselbe sind sie nicht, und die auf der Erfahrung und Forschung beruhende moderne Ansicht gibt uns den praktischen Hinweis, wie wir durch die Erziehung derartig gefährdeter Kinder und durch ihre systematische Abhärtung die Krankheitsmöglichkeit vermindern, ja in sehr vielen Fällen gänzlich aufheben können.

Jeder Mensch der Erkrankung ausgesetzt.

Um nicht mißverstanden zu werden, muß ich jedoch hervorheben, daß bei keinem Menschen die genannte Disposition auszuschließen ist, daß niemand gegen diese Erkrankung vollkommen geschützt ist und jeder an der Tuberkulose erkranken kann. Selbst die kräftigsten Organismen, Athleten, in Wind und Wetter erprobte Männer können von der Krankheit befallen werden, wogegen oft Menschen schwächlichster Natur, selbst wenn sie Gelegenheit hatten, viel mit Tuberkulösen zusammenzukommen, gesund und von der Tuberkulose verschont blieben. Unter solchen Verhältnissen kann nicht scharf genug daran erinnert werden, daß es ohne Tuberkelbazillen keine Tuberkulose gibt, und daß die Verhütung der Ansteckung, d. h. die Vermeidung einer Übertragung und Aufnahme des Krankheitskeimes, gleichbedeutend mit der Verhütung der Tuberkulose überhaupt ist.

Tiertuberkulose.

Auch Tiere können Tuberkelbazillen haben und an einer Art Tuberkulose erkranken, wie die Hühner, Papageien, Affen und Schweine und namentlich das Rindvieh. Selbst bei niederen Tieren, bei Blindschleichen und Schildkröten ist der Tuberkelbazillus nachgewiesen worden. Nicht alle diese Fälle von Tiertuberkulose sind auf die Menschen übertragbar, nur vor kranken Papageien und Affen soll man sich in acht nehmen, jene nicht küssen, von diesen sich nicht anhauchen lassen, da bei beiden die menschliche Tuberkulose vorkommt. Viel umstritten ist das Verhältnis der Rindertuberkulose zum Menschen. Seit langer Zeit kannte man beim Rinde eine der menschlichen Tuberkulose ähnliche Krankheit, die Perlsucht. Beide wurden früher für zwei verschiedene Krankheiten gehalten, und im Jahre 1875 erklärte der Deutsche Veterinärrat, daß die Rindertuberkulose für den Menschen keine Gefahr böte. Auch Virchow vertrat den Standpunkt, daß es sich um zwei verschiedene Krankheiten handele, während Gerlach dieselben für identisch erklärte. Als nun durch die Entdeckung des Tuberkelbazillus durch Robert Koch die ganze Lehre der Tuberkulose eine Umwälzung erfuhr, da geschah es, daß die Menschen- und Rindertuberkulose für identische Krankheiten erklärt wurden. Denn Robert Koch hatte in der

Rinderperlsucht denselben Bazillus nachgewiesen, wie bei der menschlichen Tuberkulose, und man konnte bei Tieren (Meerschweinchen, Kaninchen) durch den Rindertuberkelbazillus eine reguläre Tuberkulosekrankheit erzeugen. Diese Tatsache war von größter Wichtigkeit, denn sie lehrte, daß der Mensch, insbesondere das Kind, mit der Kuhmilch sehr leicht auch die Rinderbazillen in sich aufnehmen und dadurch mit typischer Tuberkulose behaftet werden könnte. Die öffentliche Gesundheitspflege mußte energische Maßregeln ergreifen, um die Tuberkuloseinfektion durch Milch, Butter und Fleisch zu verhüten. Man ging in diesen prophylaktischen Maßregeln so weit, daß die aus dem Auslande eingeführten Rinder erst auf Tuberkulose geprüft wurden (durch Tuberkulin), und im Falle der positiven Reaktion wurden die betreffenden Tiere als tuberkulosekrank ausgeschieden resp. getötet. Für die Milch wurde bestimmt, daß sie nur gekocht oder sterilisiert (nach Soxhlet) den Säuglingen dargereicht werden dürfen. Diese Prinzipien blieben bis vor kurzem beibehalten. Im Jahre 1901 auf dem Tuberkulosekongreß zu London überraschte Robert Koch die bei der Eröffnungssitzung Anwesenden durch die Mitteilung, daß nach seinen neuen Untersuchungen Rinder- und Menschentuberkulose nicht identisch wären, indem die Menschentuberkulose nicht oder doch nur höchst selten auf Rindern haftet, daraus müsse gefolgert werden, daß auch umgekehrt die Rindertuberkulose nicht oder nur selten auf Menschen übertragbar sei. Diese Eröffnung wirkte so überraschend auf alle Hörer, daß man zuerst gar nicht recht wußte, was man dazu sagen sollte. Von vielen Seiten wurde Widerspruch laut, und man opponierte gegen die Aufhebung der bisherigen Vorsichtsmaßregeln. Die in der Folge angestellten Übertragungsversuche menschlicher Tuberkulose auf Rinder ergaben nicht recht übereinstimmende Resultate. Gegen Robert Koch erhoben sich viele Widersacher, während Kochs Autorität gegenüberstand und sein Standpunkt von nicht wenigen akzeptiert wurde. Große Diskussionen in den gelehrten medizinischen Gesellschaften hatten kein entscheidendes Resultat. Neuerdings aber sprach sich auch Herr v. Behring, als er uns in einem glänzenden, epochemachenden Vortrage in Kassel mit vielen neuen Gesichtspunkten und hoffnungsreichen Ausblicken überraschte, mit aller Entschiedenheit gegen den Standpunkt von Koch und für die Identität von Menschen- und Rindertuberkulose aus.

Die wichtigste Quelle für Ansteckung an Tuberkulose ist immerhin der Mensch selbst. Er wird dadurch aus einem Freund und Nächsten seines Mitmenschen zugleich sein schlimmster Feind. Der Mensch aber kann nicht allein sein, nicht zum Einsiedler ist er geboren, sondern zur Geselligkeit. Resultiert doch jede Freude aus der Teilnahme gleichgearteter Menschen an dem eigenen Glück, und gewiß ist die Nächstenliebe die schönste und edelste Trösterin im Unglück. Andererseits aber wird gerade das Beisammensein und der Umgang der Menschen miteinander ihnen zur Gefahr. Der gegenwärtige die Welt umfassende Verkehr wird neben dem Vermittler der Kultur auch der Verbreiter der Krankheiten. Ebenso sind die großen Städte mit ihrer Anhäufung zahlloser Menschen, mit ihren engen, luftarmen Wohnungen die Sammelpunkte ansteckender Krankheiten mit der Gefahr ihrer Übertragung von Mensch zu Mensch. Das ist ein unabänderliches Fatum, welches der französische Professor Brouardel so schön mit den Worten ausdrückt: „Die Gefahr, welche uns die Nähe des Menschen bringt, ist der Tribut für die Vorteile, welche wir durch die Zivilisation genießen.“

Wenn aber auch der vermehrte Verkehr und die dichtere Bevölkerung ihre Opfer fordern, so brauchen wir solches nicht widerstandlos hinzunehmen, sondern wir sollen gegen sie ankämpfen; das ist gleichsam ein Teil des großen Kampfes um das Dasein im Sinne Darwins. Gegen jede übertragbare Krankheit können wir Mittel zu ihrer Verhütung finden, und hoffnungsfreudig bezeichnet der Engländer die ansteckenden Krankheiten als „vermeidbare“. Der geniale französische Bakteriologe Pasteur († 1895) hat ausdrücklich ausgesprochen, daß der Mensch alle Infektionskrankheiten überwinden kann; der ist kein Freund der Menschheit, welcher diese Tatsachen leugnet und auch andere zu seinem trostlosen Standpunkt bekehren will.

Ein glänzendes Beispiel von der Überwindung einer Infektionskrankheit bildet die Diphtherie. Noch vor wenigen Jahren als unheilbar gefürchet und „der Würgengel der Kinder“ genannt, ist sie heute dank der Entdeckung Prof. v. Behrings zum größten Teil ihres Schreckens beraubt: selten nur noch hat sie bei rechtzeitiger Erkennung und Behandlung den Tod als traurigen Ausgang.

Ob es gelingen wird, die Tuberkulose in gleich wirksamer Weise zu bekämpfen, das vermag heute noch niemand sicher zu sagen. Freilich hat v. Behring in dem oben genannten Vortrage auf der Naturforscherversammlung in Kassel 1903 uns die Aussicht eröffnet, daß es ihm in nicht gar zu ferner Zeit gelingen werde, die Tuberkulose ebenso zu überwinden, wie dies dem Genie Jenners für die Pocken gelungen sei. Daß aber unsere Abwehrbestrebungen auch heute schon aussichtsvoll sind, das können wir durch nachstehende Zahlen beweisen. Nach den offiziell beglaubigten statistischen Angaben, gewonnen aus amtlichen Totenscheinen, starben in Preußen 1890 an Tuberkulose 82529, 1896: 70373, 1898: 65560, 1901: 67292, 1902: 66726 oder von je 10000 Lebenden starben an Tuberkulose 1890: 28,11, 1896: 22,07, 1898: 20,08, 1901: 19,54, 1902: 19,04. Es ergibt sich also eine beständige und nicht unerhebliche Abnahme der Tuberkulosesterblichkeit in den letzten zwölf Jahren. Von 28 zu 19 gleich 7 zu $4^{3}/_{4}$.

Gleich schöne Erfolge hat der Kampf gegen die Tuberkulose in England und Amerika gezeitigt; wir sind daher voll berechtigt in diesem Kampfe zu beharren und unausgesetzt an der Vervollkommnung unserer Waffen zu arbeiten gegen diese tückischste aller Volkskrankheiten.

Nach den bisherigen Ausführungen findet die Verbreitung der Tuberkulose durch Übertragung des Tuberkelbazillus auf den Menschen statt. Die Übertragung geschieht vornehmlich durch Mund, Atem und Auswurf, durch direkte und indirekte Berührung. Wie groß die Gefahr einer Übertragung ist, ergibt sich, wenn Sie sich eine Vorstellung machen von der Menge der Tuberkelbazillen, welche ein einzelner Tuberkulöser im Laufe eines Tages von sich gibt. Man hat diese Zahl auf nahezu 7 Milliarden berechnet. Obgleich bei weitem nicht alle diese Keime entwickelungsfähig sein dürften, so gibt doch die ungeheure Zahl eine ungefähre Vorstellung von der außerordentlichen Gefährlichkeit des Auswurfes Tuberkulöser, zumal er nicht nur in seinem natürlichen schleimflüssigen Zustand, sondern auch im eingetrockneten gefährlich bleibt und mit dem Staub aufgewirbelt, eine nicht zu unterschätzende Ansteckungsmöglichkeit (Stäubcheninfektion. Prof. Cornet) enthält.

Ebenso gefährlich ist die von Prof. Flügge in Breslau und Prof. B. Fränkel in Berlin beschriebene Tröpfcheninfektion. Sie besteht darin, daß der Tuberkulosekranke beim Sprechen, Husten, Lachen kleine Partikelchen mit dem Luftstrom in Tröpfchenform herausbefördert, die dann leicht von der Umgebung eingeatmet oder sonst aufgenommen werden können. Bei ruhender Luft werden diese fast unsichtbaren Tröpfchen bis auf einen Meter Entfernung von dem Schwindsüchtigen fortgeschleudert und bleiben etwa eine Stunde nach dem Aushusten schwebend in der Luft.

Neben diesen beiden wichtigsten Quellen der Ansteckung müssen wir noch auf eine seltenere, aber doch beachtenswerte Möglichkeit der Übertragung aufmerksam machen. Vor allem auf die Gefahr des Küssens, zumal auf den Mund, ferner auf das Belecken der von Tuberkulösen gefertigten Arbeiten, auch mit der Wäsche und Kleidung Tuberkulöser können Bazillen verschleppt werden. Man achte darauf, sich in entsprechendem Falle mit nachweisbar Tuberkulosekranken nicht gar zu intim einzulassen.

Nun muß ich noch mit einigen Worten auf die Frage eingehen, in welcher Höhe wir heute wohl die Ansteckungsgefahr der Rindertuberkulose für den Menschen einschätzen müssen. Wenn tuberkulöse Rinder sich in den Ställen der Milchhändler befinden, so besteht die Gefahr, daß die Bazillen, mit der Milch genossen, auf Menschen übertragen werden. Die größte Gefahr besteht begreiflicherweise für Säuglinge. Diese zu verhüten, ist es notwendig, die etwa enthaltenen Keime durch Kochen und Sterilisieren zu vernichten, und Sie werden wissen, daß diese Vorsichtsmaßregeln sehr verbreitet und als durchaus rationell anerkannt sind. Nun hat zwar Koch auf dem Londoner Tuberkulosekongreß sich dahin ausgesprochen, daß die Rindertuberkulose für den Menschen fast ungefährlich sei und daher die bisher üblichen Mittel und Methoden zum Desinfizieren der Kuhmilch entbehrlich. So hoch wir auch Kochs Urteil gerade in Tuberkulosefragen schätzen, so haben wir doch zu konstatieren, daß seine Meinung nicht ohne Widerspruch geblieben ist, ja in neuerer Zeit hat v. Behring sich mit großer Bestimmtheit dagegen und für die Ansteckungsfähigkeit der Rindertuberkulose auf den Menschen ausgesprochen. v. Behring verlangt für die Kinder keimfreie, ungekochte Milch; diese Keimfreiheit will er durch einen relativ geringen Zusatz von Formalin erreichen. Wir werden vorläufig noch die bisherigen Schutzmaßregeln der Milch beizubehalten haben.

Ich habe bisher die Gefahr der Ansteckung und die Wege der Ansteckung geschildert. Sie werden nun mit allem Recht fragen, auf welche Weise wir uns gegen die Erkrankung, respektive vor den Ansteckungskeimen, welche doch unseren Augen entzogen sind, hüten können? Die Notwendigkeit und Dringlichkeit geeigneter Maßregeln wurde allseitig anerkannt, und man stand nicht an, denselben auf verschiedenen Wegen gerecht zu werden. Der erste Gedanke ging dahin, die Tuberkulosekranken und mit ihnen die Quellen der Ansteckung in besonderen Krankenhäusern unterzubringen und so von Gesunden abzuschließen. Dieser radikalste Plan wurde von Koch noch auf dem Londoner Kongreß 1901 als der durchgreifendste bezeichnet. Er wies dabei auf die Leprakrankheit (Aussatz) hin, welche im Mittelalter so heftige Verheerungen in Europa verursachte, daß jährlich Tausende daran starben. Nur durch die Isolierung dieser Kranken gelang es, der furchtbaren Seuche Herr zu werden, wofür auch die Gegenwart ein direktes Beispiel bietet, indem in den nordischen Ländern, wo die Lepra noch eine gewisse Verbreitung hat, durch die freiwillige Absonderung der von ihr Befallenen in den vom Staat erbauten, mit allem Komfort der Neuzeit ausgestatteten Krankenhäusern mit Bestimmtheit erwartet werden kann, daß innerhalb der nächsten fünfzig Jahre auch dort diese Krankheit vollständig erloschen sein wird.

So günstig auch das Isolierungssystem in der Bekämpfung mancher Krankheiten sich erwiesen hat, so wenig freilich ist es durchführbar zur Beseitigung der Tuberkulose. Denn viel zu gewaltig ist noch die Anzahl dieser Kranken, um sie, selbst wenn sie freiwillig dazu bereit wären, in eigens für sie erbauten Häusern aus der menschlichen Gesellschaft zu entfernen, ganz abgesehen von den hier mitsprechenden rein menschlichen und sozialen Bedenken. Im Jahre 1888 hatte die Stadt Berlin bereits einen ähnlichen Plan gefaßt und Verhandlungen eingeleitet. Sie wollte ihre tuberkulösen Mitbürger in besonderen Krankenhäusern unterbringen, allein diese Idee stieß auf lebhaften Widerspruch; man wandte dagegen ein, daß solche Krankenhäuser nichts als Sterbehäuser sein würden, und durch diesen Einwurf wurde die Ausführung verhindert.

Heilstättenbewegung und Behandlung in denselben.

Erwies sich nun auch die Durchführung einer Isolierung und damit die radikale Bekämpfung der Tuberkulose zunächst als unausführbar, so war doch die teilweise Durchführung eines solchen Prinzips des Versuches wert, da durch sie doch immerhin eine prozentuale Verringerung der Krankheitsfälle zu erwarten war. Es fiel daher meine Idee, welche ich 1894 auf dem internationalen Kongreß für Hygiene und Demographie in Budapest vortrug: für die weniger bemittelten Tuberkulösen Heilstätten zu gründen, — auf fruchtbaren Boden, sie bot den Vorzug, daß sie sowohl den humanitären Bestrebungen der Nächstenliebe, indem sie den unbemittelten Kranken wirksame Hilfe brachte, genügte, wie auch den Zwecken der Prophylaxe und Hygiene, durch Absonderung wenigstens eines Teiles der Tuberkulosekranken. Im Anschluß hieran entwickelte sich in den letzten neun Jahren zum Ruhme des deutschen Vaterlandes die deutsche Heilstättenbewegung, welche für andere Nationen Antrieb und Muster geworden ist. Um die Wirksamkeit der Heilstätten kurz mit Zahlen darzulegen, sei hier erwähnt, daß Deutschland Ende 1903 über ca. 75 Heilstätten, worunter 16 Privatanstalten mitgerechnet sind, verfügte mit ca. 7500 Betten. Wenn wir bedenken, daß diese 7500 Betten bei viermaligem Wechsel der Kranken pro Jahr viermal so viel Kranke aufnehmen können, so können wir in Deutschland pro Jahr 30000 Tuberkulosekranke einer sachgemäßen und sorgfältigen Heilstättenbehandlung unterziehen, bei welcher alle diejenigen Mittel, welche die Wissenschaft und die Wohltätigkeit geben kann, auch diesen Kranken in gleichem Maße wie den Wohlhabenden zugute kommen. Von diesen wurden 20% als geheilt entlassen und insgesamt über 70% so erheblich gebessert, daß sie wieder als arbeitsfähige und arbeitsfreudige Menschen in das Leben zurücktraten.

Ich glaube, schon diese Zahl ist imstande, die heilsame und große Wirksamkeit unserer Heilstätten zu veranschaulichen. Wenn wir uns vergegenwärtigen, daß von diesen 30000 Kranken vor 10—15 Jahren nur wenige das Glück gehabt hätten, einer sorgfältigen Behandlung teilhaftig zu werden, daß ein großer, vielleicht der größte Teil in ihrer Not verlassen blieb, daß ihnen kaum ein Strahl der Hoffnung auf Heilung leuchtete, so können wir wohl ohne Ruhmredigkeit sagen, daß die Wirksamkeit und der Erfolg unserer Heilstätten schon heute ein großartiger zu nennen ist. Ich betone dies namentlich von meinem Gesichtspunkt als Arzt, denn ich sehe in dieser Entwicklung den Ausdruck wahrer und echter Menschenfreundlichkeit und Nächstenliebe, welcher wir damit in reichstem Maße gedient haben.

Die Wirksamkeit der Heilstätten beschränkt sich keineswegs auf die menschenfreundliche Hilfeleistung für die Kranken; sie erfüllen vielmehr eine ebenso wichtige Aufgabe für die Bekämpfung der Tuberkulose, da sie auch die Stätten sind, in welchen die Mittel und Wege zur Verhütung der Ansteckung auf das sorgfältigste studiert, verbessert, geübt und gelehrt werden. Selbst dort, wo es der ärztlichen Kunst und Hilfe in einer beschränkten Kurzeit nicht gelang, die übernommenen Kranken als vollständig geheilt zu entlassen, so haben dieselben doch neben der bedeutenden körperlichen Besserung schon während ihres Aufenthaltes in der Heilstätte gelernt, welche Vorsicht für sie in der Lebensführung unerläßlich ist, welche Gefahren die Tuberkulose für das Gemeinwohl birgt, endlich welche Möglichkeiten bestehen, diese Gefahren zu vermeiden. So werden sie, zurückgekehrt in ihre Familie, ihrerseits in dem heimischen Kreise wieder Verbreiter und Vertreter dieser wichtigen Lehren zur Vorbeugung neuer Erkrankungen. Wenn Sie sich vergegenwärtigen, was es bedeutet, jährlich 25—30000 solcher Personen für die Propaganda der hygienischen Kenntnisse in die verschiedenen Kreise des Volkes zu senden, so werden Sie auch die Wirksamkeit der Heilstätten nach der Richtung nicht unterschätzen.

**Andere Einrichtungen zu dem gleichen Zwecke.**

In diesem Wirken werden die Heilstätten unterstützt durch die Polikliniken für Lungenkranke, die in Deutschland auf Initiative der Herren Ministerialdirektor Dr. Althoff und v. Mendelssohn-Bartholdy an vielen Universitäten zur Früherkennung und Frühbehandlung der Tuberkulose eingerichtet und musterhaft ausgestattet sind; ferner durch die Erholungsstätten, welche auf Anregung der Ärzte Wolf Becher und Lennhoff für Schwache und Genesende errichtet sind und lebhaften Zuspruch seitens der Arbeiterbevölkerung finden. Schließlich sind hierher auch die Kolonien für Tuberkulöse zu zählen, welche Se. Exzellenz Graf v. Posadowsky ins Auge gefaßt hat, um die in den Heilstätten erreichten Heileffekte festzuhalten; in diesen werden die aus den Anstalten Entlassenen mit einer für ihre Gesundheit geeigneten Arbeit, wie Gartenarbeit, Landbau usw., beschäftigt. Als ein weiterer erfreulicher Fortschritt auf diesem Gebiete sei auch der Fürsorge für skrofulöse und tuberkulöse Kinder gedacht. Hier ist Frankreich die führende Nation geworden durch Schaffung eines großen Kindersanatoriums in der Nähe von Paris: L'oeuvre d'Ormesson, mit 130 Betten für tuberkulöse Kinder und einem Sanatorium zu Villiers mit 220 Betten unter der vorzüglichen Leitung von Dr. Léon Petit und Dr. Letulle. Auf dem Grund und Boden der Heilstätte Belzig und aus Mitteln der Privatwohltätigkeit unter spezieller Fürsorge von Geheimrat B. Fränkel sind wir diesem Beispiele gefolgt, nachdem bereits früher in den Kinderheilstätten an den deutschen Seeküsten zur Sorge für schwache und kränkliche Kinder ähnliche Einrichtungen geschaffen waren. In Belzig haben wir ein Kindersanatorium für 30 tuberkulöse Kinder eröffnet. In gleicher Weise ist unter dem Vorsitz von Erz. v. d. Knesebeck durch Prof. Pannwitz die Kinderheilstätte in Hohenlychen geschaffen worden.

Die Mittel zur Verhütung.

Behandlung der Taschentücher.

Wenn wir jetzt zu den einzelnen Wegen und Mitteln übergehen, durch welche die Tuberkulose verhütet werden kann, so stehen an der Spitze der Vorbeugung diejenigen Maßregeln, welche die Übertragung durch den Auswurf aufheben sollen. Für alle diese ist gleichbedeutend das Prinzip, mit dem Auswurf auch die Tuberkelbazillen zu vernichten. Bei dieser Absicht ist zunächst die heutige Sitte der Taschentücher als eine gefährliche und verwerfliche zu kennzeichnen; nicht mit Unrecht hat sich der Ruf erhoben: Fort mit den Taschentüchern! Denn mannigfach sind die Gefahren, die für die Umgebung durch die Benutzung des Taschentuches zum Auffangen tuberkelbazillenhaltigen Auswurfes erwachsen. Einmal ist es nicht zu vermeiden, daß dadurch die Hände und Taschen verunreinigt werden;

sodann trocknet der Auswurf durch die Körperwärme am Taschentuche an, wird beim Herausziehen als keimhaltiger Staub in die Luft geworfen und kann von Gesunden eingeatmet werden. Tuberkulöse sollten sich daher des gewöhnlichen baumwollenen oder leinenen Taschentuches so gut wie gar nicht bedienen. Wird das Taschentuch ausnahmsweise zur Aufnahme des Auswurfes verwandt, so ist es, wie neuerdings Prof. Flügge betont hat, unbedingt erforderlich, daß der Kranke sein Taschentuch sehr häufig, mindestens täglich einmal, wechselt, und ehe er es in die Wäsche gibt, durch Auskochen oder Einlegen in eine Sublimatlösung (1 : 1000 auf fünf Stunden) desinfiziert. Sehr zweckmäßig sind in diesem Falle zur Aufbewahrung des Taschentuches die von Dr. Knopf (New York) vorgeschlagenen, herausnehmbaren Taschen aus Öl- oder Wachstuch oder aus Leinwand, die in die Kleidertaschen mittels zweier Knopflöcher leicht einzuknöpfen sind. Die Tasche mit Inhalt wird abends herausgenommen und über Nacht in desinfizierende Flüssigkeit gelegt, wonach sie in die Wäsche gegeben werden darf, ohne daß eine weitere Gefahr zu fürchten ist. In Heilstätten wird das Taschentuch zur Aufnahme des Auswurfes überhaupt nicht benutzt, sondern nur als Mundschutz, d. h. um es beim Husten vor den Mund zu halten. Bei der Umständlichkeit und Kostspieligkeit der Desinfektion der Taschentücher hat man für Tuberkulöse die Verwendung von Papiertaschentüchern vorgeschlagen, die nach der Benutzung verbrannt werden können. Solche Papiertaschentücher sind in Japan fast ausschließlich in Gebrauch; sie sind weich und schmiegsam und kosten in Japan ¼ Pfg.

pro Stück. Auch deren Einführung hat Prof. Flügge das Wort gesprochen.

Spucknäpfe und Spuckflaschen.

Der Verwendung von Papiertaschentüchern kann in den Heilstätten entraten werden; dort wird der sämtliche Auswurf, der tagsüber von den Tuberkulösen entleert wird, entweder in den Spuckflaschen, die die Patienten stets bei sich tragen, oder in Spucknäpfen, die mit desinfizierender Flüssigkeit gefüllt sind und an leicht zugänglichen Orten

Fig. 2. Spucknapf, Dettweilersche Taschenspuckschale, Spuckbecher.

stehen, aufgefangen. Der nachts entleerte Auswurf wird in besonderen Spuckbechern gesammelt, die neben den Betten der Kranken auf ihren Nachttischen stehen.

Als Spuckflasche ist in den meisten Heilstätten das von Dr. P. Dettweiler ersonnene Modell in Gebrauch: Eine blaue oder graue Glasflasche von ovaler Form, nach beiden Seiten sich öffnend. Von der oberen größeren Öffnung, die zum Hineinspucken dient, führt ein metallener Trichter in das Innere der Flasche, um den Auswurf aufzunehmen. Der Boden der Flasche ist mit einer Metallkapsel versehen. Die Entleerung geschieht durch Abschrauben der letzteren.

Eine andere Art von Spuckflasche haben Dr. Knopf=New York und Calmette=Lille angegeben; die Knopfsche besteht aus Aluminium und hat den Vorzug, unzerbrechlich zu sein und ohne Gefahr des Zerspringens ausgekocht werden zu können.

Reinigung der Spuckflaschen.

In den Heilstätten wird die Reinigung der Spuckflaschen in folgender Weise gehandhabt: Die Patienten werden angehalten, ihre Spuckflaschen in einen Eimer, der in den einzelnen Klosetträumen aufgestellt ist, zu entleeren und die Spuckflaschen dann mit 1 : 1000 Sublimatlösung nachzuspülen. Die Sublimatlösung befindet sich in einer mit Hebelschlauchvorrichtung versehenen Flasche, die im Klosettraum unmittelbar über dem Eimer steht. Die Eimer werden zweimal täglich entleert, ihr Inhalt in einer Mulde von Eisenblech mit Sägespänen vermengt und dann der Kesselfeuerung übergeben. Was die Übertragung dieser Methode auf die Praxis des täglichen Lebens in den Wohnungen der Kranken selbst betrifft, so würde es sich empfehlen, wenn in den Haushaltungen auf dem Klosettraum eine Flasche mit Desinfektionsflüssigkeit und darunter ein Eimer stände. In diesen Eimer hat der Kranke seine Spuckflasche zu entleeren und mit desinfizierenden Flüssigkeiten nachzuspülen. Der Auswurf muß dann im Eimer mehrere Stunden mit der desinfizierenden Flüssigkeit in Berührung bleiben, damit die Tuberkelbazillen abgetötet werden; sodann wird der Inhalt des Eimers ins Klosett geschüttet.

Sublimat das beste Mittel zur Desinfektion des Auswurfes.

Als das sicherste Mittel zur Desinfektion des Auswurfes hat sich nach den neueren Versuchen von Steinitz das Sublimat erwiesen. 1 ‰ Sublimatlösung tötet in

6—8 Stunden die Tuberkelbazillen; aber Sublimat ist bekanntlich ein Gift, und Gifte geben wir nicht gerne den Laien in die Hand. Als Ersatz des Sublimats wird Lysol empfohlen. Auch durch Auskochen werden die Tuberkelbazillen abgetötet. Auf diese Erkenntnis gründet sich das nachfolgende Verfahren zur Unschädlichmachung des Auswurfes: Die Spuckflaschen werden in einen mit Sodalösung gefüllten Topf entleert und der Topf täglich einmal auf das Feuer gesetzt. Die Mischung (ein gehäufter Teelöffel Soda auf je 1 Liter Wasser) läßt man 5 bis 10 Minuten sieden und schüttet danach den Inhalt fort. Aber ein solches Verfahren ist zeitraubend und umständlich. Als das verhältnismäßig Einfachste bleibt die Verbrennung des Auswurfes übrig. Der Feuertod stellt das unfehlbarste Mittel zur Vernichtung der nach außen gelangten Tuberkelbazillen dar. Um das Verbrennen des Auswurfes direkt zu ermöglichen, sind eigene verbrennbare Spuckflaschen angefertigt worden. Solche hat die Firma Fingerhut & Ko. in Breslau auf Anregung von Professor Flügge zu recht billigem Preise in den Handel gebracht. Sie sind aus Kartonpapier angefertigt und bleiben selbst bei ziemlich starker Füllung mit Auswurf undurchlässig. Eine Einlage von Holzstoff saugt die Flüssigkeit auf, so daß die brennbaren Spuckflaschen ohne weiteres in der Tasche getragen werden können. Um die vollständige Verbrennung auch bei schwächerem Feuer und zur Sommerzeit zu ermöglichen, ist die Holzstoffeinlage mit etwas Salpeter getränkt.

Andere Methoden.

Außer den Spuckflaschen empfehlen sich zum Auffangen des Auswurfs Spucknäpfe, die überall dort Aufstellung finden sollten, wo viele Menschen verkehren. Recht gut

Spucknäpfe an öffentlichen Orten.

haben sich als Spucknäpfe einfache, möglichst große Glas- und Porzellanschalen mit hohem Rande, die zur Vermeidung des Ausleckens durch Hunde mit flachem Trichtereinsatz versehen sind, bewährt. Die Spucknäpfe sind entweder mit Sublimat von 1 : 1000 oder mit feuchten Sägespänen zu füllen (es ist achtzugeben, daß die Sägespäne immer feucht bleiben). Auch verbrennbare Spucknäpfe sind angefertigt worden, nach Art der oben angeführten Spuckflaschen. Ferner mögen die von Dr. Kornfeld-Wien neuerdings konstruierten Spucknäpfe aus Asbest noch erwähnt sein. Am besten wäre es gewiß, die Spucknäpfe über dem Fußboden etwa in Brusthöhe anzubringen und in unauffälligen Wandgestellen, die aber äußerlich durch entsprechende Aufschrift als Behälter von Spucknäpfen gekennzeichnet sind, aufzubewahren. Eventuell ist auch die Reform-Spucklade von Hülsmann in Freiburg zu verwenden, welche in Brusthöhe an der Wand befestigt und mit der Wasserleitung verbunden werden kann.

Im gewöhnlichen Leben stößt die Anwendung dieser oder jener Methode zur Beseitigung des Auswurfes auf mancherlei Schwierigkeiten: Zu sehen, wie jemand auf den Boden spuckt, erregt nicht immer Ekel; aber zu sehen, daß jemand in der Gegenwart eines andern seine Spuckflasche hervorzieht und hineinspuckt, das erregt bei vielen einen entschiedenen Widerwillen. Mit diesen Vorurteilen hat der Kranke, der sich in der Gesellschaft bewegt, zu rechnen, und er wird gut tun, sich nach den eben von mir angegebenen Grundsätzen seine individuelle Methode der Auswurfbeseitigung auszuarbeiten.

Nächst dem Auswurf des Tuberkulösen ist es die nahe Berührung des Gesunden mit einem tuberkulösen Kranken, welche die Gefahr der Übertragung von Tuberkelbazillen bedingt. In erster Linie nennen wir hier das Küssen. Es kann nicht genug davor gewarnt werden, Tuberkulöse auf den Mund zu küssen. Eine tuberkulöse Mutter darf ihr Kind nicht küssen, noch sich von ihm küssen lassen; ebenso verhält es sich mit Mann und Frau, Brüdern, Verwandten, Freunden. Überhaupt ist die Sitte des Küssens bei uns Deutschen in übertriebener Weise verbreitet. Ohne Auswahl vorgenommen, kann diese Sitte mit wesentlichen Gefahren der Krankheitsübertragung verknüpft sein. Nicht nur Tuberkulose, auch Influenza, Masern, Keuchhusten, selbst Lungenentzündung können durch Küssen veranlaßt werden. Die Sitte des Küssens muß daher durchaus eingeschränkt werden, und jeder soll sich dessen bewußt sein, daß er durch Küssen manche Krankheitskeime empfangen, aber auch ebenso eigene Krankheitskeime auf andere übertragen kann. In anderen Ländern wird bei weitem nicht so viel geküßt als bei uns. In Rußland küßt niemand auf den Mund, sondern auf die Backe. Die romanischen Völker küssen sehr selten, in China berührt man sich nur mit der Nasenspitze.

Tuberkulöse sind nicht auf den Mund zu küssen.

Auch an den Händen können leicht Partikelchen des Auswurfes, also auch Tuberkelbazillen, kleben bleiben; mit Rücksicht hierauf empfiehlt es sich, das Händedrücken und Händegeben, das bei uns in Deutschland in übertriebenem Maße geübt wird, einzuschränken. Bei dieser Gelegenheit denke ich an die Wichtigkeit sauberer Hände, und zwar nicht nur für die Chirurgen. Mein berühmter Kollege

Tuberkelbazillen an den Händen, daher Reinhalten der Hände.

Se. Exz. Prof. v. Bergmann hat in einem geistreichen Aufsatz (1901) über die Hand des Chirurgen ausgeführt, daß der Chirurg seine Hände sorgfältig rein zu halten hat, aber nicht nur rein im gesellschaftlichen, sondern rein im wissenschaftlichen hygienischen Sinne, d. h. frei von Krankheitskeimen. Was für den Chirurgen gilt, hat hier auch für die Kranken seine Berechtigung. Die Sauberkeit und Reinheit der Hände ist geradezu eine Verpflichtung der Kranken gegenüber den Gesunden, und zwar die Reinheit im chirurgischen Sinne.

Ansteckungsgefahr durch Wäsche ꝛc.,

Desgleichen können auch Kleider und Wäsche von Kranken für andere eine Infektionsgefahr bedeuten. Bettwäsche, Leibwäsche, Handtücher, Servietten können leicht durch den Auswurf mit Tuberkelbazillen infiziert sein. Durch peinliche Sorgfalt und Sauberkeit lassen sich solche Gefahren der Übertragung vermeiden. In den Heilstätten, die in dieser Hinsicht als Musteranstalten zu gelten haben, bildet die Sorge für den schnellen Wechsel und die gründliche Desinfektion der Wäsche eine wichtige hygienische Aufgabe. Dort wird die Reinigung der Wäsche in folgender Weise gehandhabt: Jeder Patient erhält einen leinenen Sack, in den er sofort nach dem Ablegen seine Wäsche steckt; alle acht Tage wird der Sack eingefordert, der Inhalt im Desinfektionsapparat desinfiziert, und dann erst wird die Wäsche gewaschen.

In ähnlicher Weise könnte es auch in Privathaushaltungen gehalten werden. Das Desinfizieren im Desinfektionsapparat ist hier durch Auskochen oder wenigstens Eintauchen der gebrauchten Bett- und Leibwäsche in siedendes Wasser zu ersetzen.

Ebenso wie die Kleider kann aber auch die Luft, wie oben erwähnt, ein Träger der Krankheitskeime werden, welche in ihrer kaum faßlichen Kleinheit sich an die ihnen durch die Luft beim Sprechen 2c.

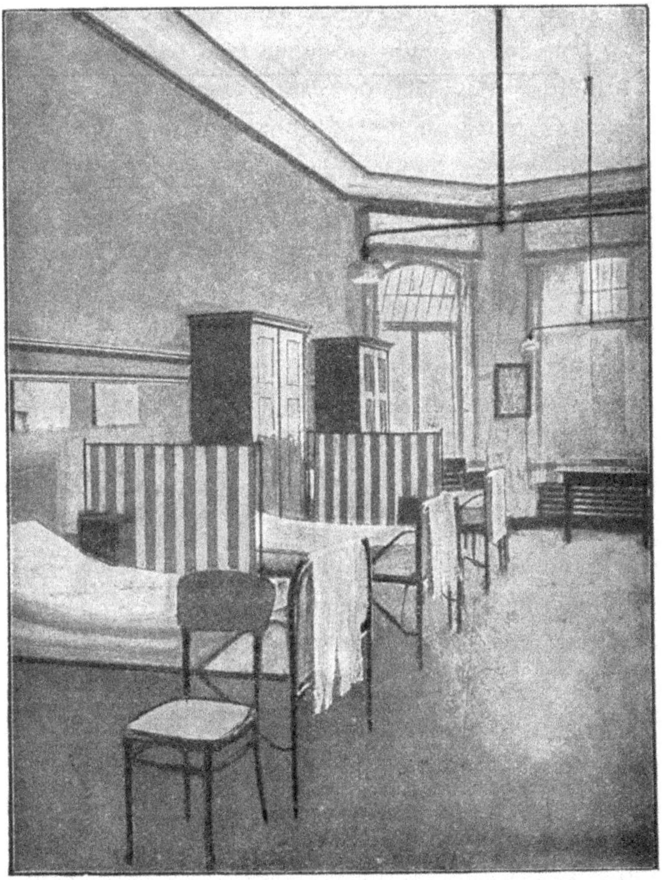

Fig. 3. Krankenschlafraum (Kippfenster). Trennung der Betten durch Bettschirme (B. Fränkel).

gegenüber immer noch bedeutend größeren, wenn auch dem Auge kaum sichtbaren Wassertröpfchen und Staubteilchen hängen und somit bei der Einatmung aufgenommen werden können. Daß eine solche Gefahr der Tröpfcheninfektion (S. 16) ganz besonders leicht in der unmittelbaren Nähe Tuberkulöser eintritt, bedarf wohl keines Beweises. Die Tröpfcheninfektion erstreckt sich auf etwa 1 m Entfernung von dem Kranken, und das tägliche Leben bringt ungezählte Gelegenheit zu derartigen verhängnisvollen Annäherungen. Hauptsächlich ist dies in den Familien der Fall, in denen sich ein oder gar mehrere Tuberkulöse befinden, und zwar ganz vorzugsweise in den Familien ärmerer Klassen. Diesen stehen nur kleine Räume als Wohn- und Schlafzimmer zur Verfügung, in denen die Betten dicht aneinander gerückt sind, und da ist denn in der Tat durch das ständige enge Zusammenleben in den kleinen Räumen die Übertragungsgefahr eine außerordentlich große. Zur Verhütung der Ansteckung der Gesunden wird dafür zu sorgen sein, daß Gesunde und Tuberkulöse (Ehegatten, Kinder, Mütter, Geschwister) nicht in der gleichen Schlafkammer schlafen. Ist dies infolge äußerer Umstände nicht zu umgehen, so soll auf alle Fälle das Bett des Tuberkulösen mindestens 1 m von den übrigen Betten entfernt aufgestellt und durch Bettschirme, wie solche von Prof. B. Fränkel für Belzig angegeben sind, von den anderen getrennt werden.

Vorsicht beim Verkehr mit Tuberkulösen in gemeinsamen Räumen.

Überhaupt sollen beim Aufenthalt Gesunder mit Tuberkulösen in gleichen Räumen, z. B. Bureaux, Werkstätten, Fabrikräumen, gewisse Vorsichtsmaßregeln beobachtet werden. Die Erfahrung lehrt, daß die Kranken jede Rücksicht auf die Gesunden leicht vergessen und vielfach erst dazu erzogen werden müssen. Der Gesunde soll daher die Gelegenheit, aus unmittelbarer Nähe mit Tuberkulösen zu sprechen, nach Möglichkeit meiden und, wenn angängig, bei dem Gespräch mit Tuberkulösen in einer Entfernung von mindestens 1 m bleiben. Anderseits soll der Kranke als Mundschutz beim Husten, auch beim bloßen Anstoßen, immer das Taschentuch vor den Mund halten. Die aus der Tröpfcheninfektion erwachsende Gefahr muß als sehr erheblich geschätzt werden für Gesunde, die sich dauernd in der Nähe eines stark hustenden Tuberkulösen befinden, und vielfache Beobachtungen beweisen, daß in Bureaus, Schlafstellen, Hotels, Herbergen usw., in welchen sich

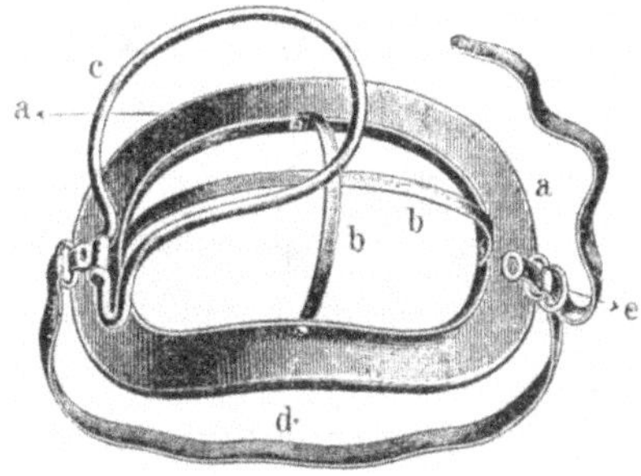


Fig. 4. Schutzmaske nach B. Fränkel.
a Metallring, b Träger, c Bügel, d Gummiband, e 2 Ringe. (1/2 natürl. Größe.)

Gesunde längere Zeit neben stark hustenden Tuberkulösen aufgehalten haben, Ansteckungen nicht allzu selten vorkommen. Zur Verhütung dieser Tröpfcheninfektion hat Prof. B. Fränkel für Tuberkulöse in Krankenhäusern und Krankenanstalten Schutzmasken vorgeschlagen, die sich zwar als sehr zweckmäßig erwiesen haben, aber von den Kranken nicht gern benutzt werden. Durch Beobachtung der oben erörterten Vorsichtsmaßregeln lassen sich indessen die Gefahren, die in der unmittelbaren Nähe des Schwindsüchtigen bestehen, ebenfalls wesentlich herabsetzen, und soweit

Pflicht und Rücksicht es zulassen, suche man daher im persönlichen Verkehr die gebotene Vorsicht ohne Härte innezuhalten.

Tuberkulose eine Wohnungskrankheit.

Diese Betrachtungen zeigen, wo hauptsächlich der Schwerpunkt der Tuberkulosegefahr zu suchen ist. Die kleinen, engen, unhygienischen Wohnungen, in denen Tuberkulöse mit Gesunden zusammenwohnen, sind die eigentlichen Herde, von denen aus die Tuberkulose sich verbreitet. Die Tuberkulose ist, wie Prof. Rubner zuerst treffend ausgedrückt hat, eine Wohnungskrankheit. Die diesbezüglichen wissenschaftlichen Untersuchungen liefern den zweifellosesten Beweis hierfür. So berichtete Dr. Harold Coates-Manchester auf dem Londoner Tuberkulosekongreß, daß er den Staub von Arbeiterwohnungen auf Tuberkelbazillen durch Impfung auf Meerschweinchen geprüft hat, und zwar

1. in schmutzigen Häusern, in denen ein Schwindsüchtiger lebte oder starb,

2. in sauberen Häusern, in denen ein Schwindsüchtiger lebte oder starb,

3. in schmutzigen Häusern, in denen noch kein Fall von Tuberkulose vorgekommen war.

4. in sauberen Häusern, in denen noch kein Fall von Tuberkulose vorgekommen war.

Er konstatierte

ad 1. 60% Nachweis von Tuberkelbazillen,

ad 2. 50% Nachweis von Tuberkelbazillen,

ad 3. und 4. wurde kein Tier tuberkulös.

Luft und Licht in die Wohnungen!

In Übereinstimmung damit stehen die Ergebnisse der statistischen Untersuchungen: nach einer Sammelforschung über die Entstehung der Tuberkulose, veranstaltet von den

Professoren Dr. Jacob und Dr. Pannwitz, sind bei einem Drittel ihrer gesamten Fälle (3295 Patienten) die Erkrankungen an Tuberkulose auf den Aufenthalt der Betreffenden in unhygienischen, tuberkulös verseuchten Räumen zurückzuführen. Schlechte Wohnungen befördern die Verbreitung der Tuberkulose. Ein alter guter Spruch besagt: Da, wo Luft und Licht nicht hineinkommen, da tritt der Arzt ein. Eine Wohnung, welche als gesund bezeichnet werden kann, muß vor allen Dingen Luft und Licht haben. Gesunde Wohnungen, in erster Linie gesunde Arbeiterwohnungen schaffen, bedeutet ein gutes Stück Tuberkuloseverhütung. Je besser die Wohnung, desto mehr wird der Sinn für Reinlichkeit und Behaglichkeit, desto mehr wird auch der Familiensinn gefördert. Der Plan des Wohnungsgesetzes, wie er zur Zeit von der Behörde ausgearbeitet wird, verfolgt einen wichtigen Zweck, dessen Ausführung eine hohe sittliche und soziale Aufgabe darstellt. Wenn ich auch nicht berechtigt bin, ein allgemeines Urteil über Arbeiterwohnungsfrage zu fällen, so kann ich doch sagen, daß mit deren Lösung unser Kampf gegen die Tuberkulose wesentlich gefördert sein wird.

Nicht auf den Boden spucken!

Für die Bedeutung der Tuberkulose als einer Wohnungskrankheit kommen nicht nur die Privatwohnungen, sondern auch die für das öffentliche Leben und den Verkehr dienenden Räumlichkeiten in Betracht. Schulen, Kasernen, Gerichtsgebäude, Hotels, Gasthäuser, Läden, Verkaufsräume, in denen tagsüber viele Menschen ein- und ausgehen, bedürfen besonderer hygienischer Beaufsichtigung. Das erste Gebot der Hygiene lautet hier: Nicht auf den Boden spucken! In öffentlichen Räumen muß für die Aufstellung hinreichend vieler Spucknäpfe sowie für regelmäßige, feuchte Reinigung der Fußböden und endlich für gute Ventilation Sorge getragen werden.

Straßenstaub weniger gefährlich bei genügender Bescheinung durch die Sonne.

Breite Straßen.

Wesentlich geringer sind die Gefahren des öffentlichen Verkehrs, soweit er sich auf die Straße bezieht. In der ersten Zeit der Abwehrbewegung gegen die Tuberkulose wurde besonders betont, daß der Straßenstaub infolge des auf die Straße entleerten Auswurfes reich an Tuberkelbazillen sein müsse und so die Übertragung bewirken könne. Aus dieser Annahme hat sich die Furcht vor der Straße gesteigert. Ich kann nun zwar nicht sagen, daß der Staub der Straße ohne jede Gefahr ist; es ist ein dringendes Gebot notwendiger Vorsicht, Staubaufwirbelungen möglichst zu vermeiden. In diesem Sinne hat sich gegen die Straßenschleppe der Frauen eine berechtigte Agitation gerichtet. Indes ist der Straßenstaub für die Verbreitung der Tuberkulose nicht ganz so gefährlich, wie man früher angenommen hat. Denn auf die Straße ausgeworfene Tuberkelbazillen werden durch Luft und Sonnenschein in der verhältnismäßig kurzen Zeit von mehreren Stunden, je nach der Stärke des Lichtes, unwirksam gemacht. Damit steht in Einklang, daß Straßenreiniger von der Tuberkulose so gut wie gänzlich verschont bleiben, ebenso weisen auch die Droschkenkutscher ein verhältnismäßig geringes Kontingent von Tuberkulösen auf. Für die relative Unschädlichkeit des Straßenstaubes hat man ferner angeführt, daß an einzelnen Kurorten, z. B. an der Riviera, die gerade wegen ihres Straßenstaubes bekannt sind, besonders bei Lungenkrankheiten gute Kuren gemacht werden. Die Furcht vor der Straße bezüglich der Tuberkulose ist jedenfalls übertrieben worden, und besonders im hellen Sonnenschein genügen wenige Stunden, um diese Feinde der Gesundheit zu vernichten. Daraus ergibt sich aber für unsere Bauordnung das unbedingte Gebot, sowohl die Richtung der Straßen möglichst derart zu legen, daß sie von Osten nach Westen verlaufen, als auch den Straßen eine genügende Breite zu lassen, damit trotz der hohen Häuserzeilen auf beiden Seiten Luft und Sonne ungehinderten Zutritt haben.

Unheilbare Kranke in den Familien gehören unter ärztliche Aufsicht.

Trotz aller solcher Vorsichtsmaßregeln wird es in absehbarer Zeit nicht gelingen, die Tuberkelbazillen und mit ihnen die Tuberkulosekrankheit gänzlich zu vertilgen. Es wird immer noch eine erhebliche Anzahl solcher Kranker übrig bleiben, welche wir nicht in die Heilstätten aufnehmen können, da nur diejenigen dorthin gehören, welche begründete Aussicht auf Heilung bieten. Aber die übrigen schwerer Kranken, was soll aus ihnen werden? Für diese noch verbleibende recht große Zahl von Tuberkulösen ist, soweit sie den unbemittelten Klassen angehören, bisher wenig geschehen. Ein beträchtlicher Teil von ihnen bleibt in den Familien und wird zu einer dringenden Gefahr für die einzelnen Glieder derselben. Für solche Kranken müssen Ärzte, die in der Behandlung der Tuberkulose genügend erfahren sind, eintreten, und zwar nicht nur zum Zwecke des ärztlichen Rates, sondern auch um eine geeignete Beseitigung resp. Desinfektion des Auswurfes, der Leib- und Bettwäsche des Kranken zu veranlassen. Desgleichen müssen diese Ärzte gegen das zu nahe Zusammenleben sowie gegen unhygienische Gewohnheiten und Lebensführung einschreiten. Hier könnte die allgemeine Wohltätigkeit oder die staatliche Hilfe wohltuend eingreifen. Endlich würde für die Desinfektion der Wohnungen, der Utensilien und Wäsche auf allgemeine Kosten zu sorgen sein.

Diesen von mir skizzierten Aufgaben der sozialen Hygiene entsprechen in vorzüglicher Weise die in Frankreich und Belgien eingerichteten Dispensaires, welche für die Verhütung der Tuberkuloseverbreitung von großem Werte sind und weithin die größte Anerkennung gefunden haben. Die Dispensaires sind wohl mit unseren Polikliniken verglichen worden, aber doch von ihnen sehr verschieden. Vor allen Dingen haben sie nichts mit der ärztlichen Behandlung zu tun, sondern sind nur wohltätige Hilfs- und Belehrungsstätten für arme Tuberkulöse. In Lille z. B. melden sich die lungenkranken Arbeiter in dem Zimmer des Dispensaire. Dieses ist reichlich mit Sprüchen und Bildern ausgestattet, welche die Bedeutung der Tuberkulose und ihre Vermeidung betreffen. Nach näherer Besprechung mit dem Kranken schickt man einen Vertrauensmann in die Wohnung des Kranken, um die hygienische und soziale Lage zu erforschen. Vom Dispensaire aus wird nun Hilfe geschickt; diese besteht in der Sorge für frische Luft und Sauberkeit der Wohnung, Beseitigung der Sekrete, Desinfektion der Wäsche, welche, in einem Sack gesammelt, vom Dispensaire wöchentlich abgeholt und zur Desinfizierung geschickt wird. Ferner unterstützt das Dispensaire kranke Familien mit allem Erforderlichen, insbesondere mit Nahrungsmitteln, Milch, Fleisch, ferner nötigenfalls mit Wäsche und mit Heizmaterial. Die Medikamente und eigentliche ärztliche Behandlung werden den behandelnden Ärzten keineswegs entzogen. Solche wohltätigen Einrichtungen, die wir wohl bei uns als „Fürsorgestellen“

bezeichnen könnten, empfehle ich auch für unsere unbemittelten Kranken, natürlich mit solchen Modifikationen, welche unsere Verhältnisse für Armenfürsorge und Arbeiterversicherung bedingen. Wir würden hiermit weiter einen großen Schritt im Kampfe gegen die Tuberkulose vorwärts kommen und das Werk der Nächstenliebe und der tatkräftigen Hilfsbereitschaft in dem wahren und edlen Sinne der ärztlichen Kunst weiterführen.

Krankenhäuser für Unheilbare.

Die Fürsorge für die schwerer Tuberkulösen würde hiermit allerdings noch nicht erschöpft sein. Am zweckmäßigsten für sie selbst, für die Familie und für die allgemeine Wohlfahrt wäre es zweifellos, wenn sie in besonderen Krankenhäusern untergebracht werden könnten. Ich denke nicht etwa an eine zwangsweise Unterbringung, wohl aber an Krankenhäuser und Asyle, die mit allem Komfort der Krankenpflege ausgestattet sind und in denen die Aufnahme der schwer Erkrankten kostenfrei zu erfolgen hätte. Dieser Gedanke einer Errichtung von Krankenhäusern für Tuberkulöse in vorgeschrittenen Stadien ist neuerdings von mehreren Seiten aufgenommen worden. Insbesondere hat der um die Bekämpfung der Tuberkulose unermüdlich und erfolgreich tätige Prof. B. Fränkel die Errichtung solcher Asyle für Tuberkulöse befürwortet.

Derartige Krankenanstalten können ebensowohl der erwünschten Absonderung bazillenreicher Kranker als ihrer ärztlichen Pflege und Behandlung dienen. Ich würde es beklagen, wenn die erstere Vorsicht in den Vordergrund gestellt würde und nicht viel mehr die menschenfreundliche Seite der Hilfsbereitschaft für die Unglücklichen. Auch in solchen Asylen würden noch viele gute Erfolge zu erzielen sein, und sie würden keineswegs bloße Sterbehäuser werden.

Die notwendige Absonderung der vorgeschrittenen Tuberkulösen wird sich nur oder fast nur dadurch erreichen lassen, daß man ihnen Pflege und Hilfe verspricht, den Familien die schwere Aufgabe langer Krankenpflege abnimmt und die Gefahr der Ansteckung für die Familienmitglieder wesentlich verringert. Ein Zwang in solchen Dingen muß in heutiger Zeit vollkommen ausgeschlossen werden.

Invalidenhäuser für Schwindsüchtige.

Nach dem von Geheimrat Bielefeld auf dem Londoner Tuberkulosekongreß erstatteten ausgezeichneten Bericht steht den Versicherungsanstalten die Möglichkeit zu, für die nichtheilbaren Tuberkulösen Invalidenhäuser zu errichten und so für sie bis zum Ende ihres Lebens zu sorgen. Die erste derartige Anstalt für invalide Brustkranke ist von der Landes-Versicherungsanstalt Berlin in Lichtenberg errichtet worden. Ich kann hinzufügen, daß vor wenigen Monaten die Landes-Versicherungsanstalt der Hansastädte auf Anregung des hochverdienten Direktors Gebhardt in Groß-Hansdorf bei Hamburg ein eigenes Invalidenheim eröffnet hat.

Systematische Belehrung.

Aus allem, was ich Ihnen hier berichtet habe, ersehen Sie, daß der Kampf gegen die Tuberkulose tatkräftig und zielbewußt geführt wird und daß bereits viel zur Verhütung der Seuche geschehen ist. Damit die Kenntnis der mannigfachen Mittel und Wege zur Verhütung der Tuberkulose sowie der Fortschritte der wissenschaftlichen Forschung, wie ich sie Ihnen soeben darzulegen versuchte, Gemeingut aller werde, bedarf es einer weitgehenden Belehrung und Aufklärung. In anderen Ländern ist noch mehr als bei uns auf solche Belehrung das größte Gewicht gelegt. In Frankreich z. B. hat sich eine eigene Liga mit dem ausgesprochenen Zweck gebildet, die Vorstellung von der Verhütbarkeit der Tuberkulose in das Bewußtsein des Volkes zu tragen und die Kenntnis der Abwehrmaßregeln zu verbreiten. Bei uns in Deutschland ist die Aufgabe der Belehrung vom ersten Tuberkulosekongreß im Jahre 1899 in fruchtbarer Weise aufgenommen worden. Daran schließen sich dann die vom Deutschen Zentralkomitee verbreitete und gekrönte Preisschrift von Dr. Knopf, ferner das Tuberkulosemerkblatt des Kaiserlichen Gesundheitsamtes an. In hervorragender Weise wirkt in diesem Sinne das in der „Ständigen Ausstellung für Arbeiterwohlfahrt", Charlottenburg, Fraunhoferstr. 11, eingerichtete Tuberkulose-Museum, welches durch Abbildungen, Apparate und Schriften den Wert des Kampfes gegen die Tuberkulose kennzeichnet. Für weitere Belehrung wird durch populäre Vorträge gesorgt. An dieser schönen Aufgabe in allen Städten des Deutschen Reiches mitzuwirken, ist an erster Stelle der Deutsche Verein für Volkshygiene berufen. Auch eigene Kurse der Tuberkuloseverhütung, von Ärzten abgehalten, in denen praktisch alle Maßnahmen geübt werden, dürften sich empfehlen; desgleichen sind ständig wiederkehrende, kurze Publikationen besonders in vielgelesenen Tageszeitungen, sachkundig geschrieben, von hohem Wert für die Volksbelehrung. Es gibt noch weitere Mittel, Aufklärung in das Volk zu tragen: so Plakatanschläge in Eisenbahnen, Pferdebahnen, Omnibussen, auf denen sich eine die Tuberkuloseverhütung betreffende Warnung befindet; auch Postkarten mit Sprüchen und Bildern, wie solche in Frankreich in eindringlicher und geschmackvoller Weise in Umlauf gesetzt sind. In dieser Beziehung ist man in andern Ländern tätiger gewesen als bei uns. Besonders die Franzosen haben eine Reihe vortrefflicher Agitationsmittel ersonnen. Einfache Zettel mit kurzen prägnanten Sätzen: „Auf den Fußboden spucken ist schädlich und ekelhaft!" „Bezieht niemals eine neue Wohnung, ohne daß sie vorher desinfiziert worden ist!" werden verteilt. Dies könnte bei uns zur Nachahmung empfohlen werden und würde gewiß dazu beitragen, in den Grenzen der schuldigen Rücksichtnahme eine verständige Vorsicht groß zu ziehen.

Staatliche Verhütungsmaßregeln.

Amerika.

Die Verhütung der Tuberkulose ist nicht nur eine Privatsache, sie liegt ebensosehr im öffentlichen Interesse. Daher haben die staatlichen und städtischen Behörden ein Recht und die Pflicht, die Durchführung derjenigen Maßnahmen zu fordern und anzuordnen, welche zur Verhütung der Tuberkulose im allgemeinen von Bedeutung sind. Diese Aufgabe ist durch polizeiliche und gesetzliche Vorschriften geregelt, welche in einer Reihe von Ländern, jedoch in verschiedenem Maßstabe, getroffen sind. Am weitesten in dieser Hinsicht sind die nordamerikanischen Staaten gegangen; am zurückhaltendsten ist bisher Deutschland gewesen. Im Staate New York ist seit 1897 die Anzeigepflicht für sämtliche Tuberkulöse eingeführt. Zur Erstattung der Anzeigen aller auf Tuberkulose verdächtigen Fälle sind die Haushaltungsvorstände, die Besitzer öffentlicher Verkehrsanstalten, Hotels usw. verpflichtet. Der beamtete Arzt kontrolliert die Diagnose durch Untersuchung des Auswurfes und gibt alsdann die erforderliche Belehrung über die Desinfektion der Wohnung, Beseitigung des Auswurfes und die allgemeine Prophylaxe. In den Armenvierteln fällt die Behandlung solcher Kranker ebenso wie die Desinfektion den Amtsärzten zu. Bei dem Tode eines Schwindsüchtigen wird die Desinfektion der Wohnung auf Kosten der Gemeinde ausgeführt. In New York hat man wiederholt Personen, welche in Tramways auf den Boden spuckten, bestraft. „Es ist verboten, auf den Boden zu spucken" ist durch Plakate mit großen Lettern in den Straßenbahnen und Eisenbahnen der Stadt angeschlagen. Auf den Boden spucken ist ein Vergehen, welche mit einer Geldstrafe von 50 Doll. oder im Wiederholungsfalle mit Gefängnis geahndet werden kann.

In Sidney besteht eine Strafe von 20 sh., wenn jemand in einem öffentlichen Gebäude oder auf der Straße auf den Boden spuckt. In Canada dürfen Kinder, welche an Tuberkulose erkrankt sind, die Schule nicht besuchen, genau wie bei anderen ansteckenden Krankheiten. Australien.

Noch strenger sind die Maßregeln der norwegischen Regierung mit allgemeiner Anzeigepflicht und zwangweiser Isolierung von Tuberkulösen in Fällen, wo die Gefahr der Ansteckung durch Übertragung sehr groß ist. Der diesbezügliche Passus des am 8. Mai 1900 erlassenen Gesetzes lautet: „Wenn der Kranke oder seine Umgebung unterläßt, die von der Gesundheitskommission veröffentlichten Vorschriften zu befolgen, es sich daher als unmöglich erweist, dem Kranken eine für die Bekämpfung der Krankheit nötige Pflege angedeihen zu lassen, so kann die Gesundheitskommission seine Einlieferung in ein Krankenhaus Norwegen.

beschließen. Jedoch darf eine Trennung von Eheleuten nicht vorgenommen werden, wenn diese wünschen zusammenzubleiben." In Norwegen ist auch das Eisenbahn-Zugpersonal angewiesen worden, Fahrgäste, die auf den Boden spucken, sofort von der Weiterfahrt auszuschließen.

Italien. In Italien ist seit dem Jahre 1901 Anzeigepflicht für Erkrankung an Tuberkulose eingeführt.

Deutschland. Bei uns in Deutschland besteht bisher nur im Königreich Sachsen und im Großherzogtum Baden durch Ministerialverordnung die Anzeigepflicht für Tuberkulöse sowohl bei vorgeschrittener Erkrankung wie bei Todesfällen. Es steht zu erwarten, daß wir in Preußen durch Erlaß eines preußischen Seuchengesetzes eine beschränkte Anzeigepflicht ebenfalls erhalten werden.

Bemerkenswert sind noch die zur Bekämpfung der Tuberkulose in den Schulen getroffenen staatlichen Maßnahmen. Über diesen Punkt hat sich Dr. Berger in klarer Weise geäußert: Die Schule ist eine staatliche Einrichtung. Der Staat hat also die Verpflichtung, dafür zu sorgen, daß die Möglichkeit einer Schädigung in gesundheitlicher Beziehung ausgeschlossen ist. Ins Auge zu fassen sind die Einrichtungen in der Schule, die Lehrer, die Kinder, der Unterricht und der Schularzt. Der Lehrer darf nicht tuberkulös sein. Die Kinder sollen innerhalb des Unterrichtsplanes in vorsichtiger Weise über gesundheitliche Dinge belehrt werden.

Schlußwort. Meine Damen und Herren! Ich bin am Schlusse meines Vortrages. Ich habe Sie darauf hingewiesen, welche Gefahren uns von den kleinsten Lebewesen, den

Tuberkelbazillen, drohen, und habe Ihnen die Mittel und Wege angegeben, wie wir uns vor der Übertragung dieser Krankheitskeime schützen können. Allein der Tuberkelbazillus ist nur die *eine* Ursache der Schwindsucht, freilich eine so notwendige Bedingung für ihre Entstehung, daß die Vernichtung des Bazillus gleichbedeutend mit der Verhütung der Krankheit ist. Ich will indessen auch die andere Ursache nicht unerwähnt lassen, deren eingehende Besprechung an dieser Stelle überflüssig sein dürfte: diese Ursache liegt in unserem Körper und ist die Disposition, der ich oben mehrfach gedacht habe.

Nicht jeder wird lungenkrank, wenn er Tuberkelbazillen in sich aufnimmt, und die körperliche Beschaffenheit vermag in den meisten Fällen sehr wohl den Angriff der Bazillen siegreich abzuwehren. Neben der Vernichtung des Bazillus ist also der zweite Weg zur Verhütung der Schwindsucht die Befestigung unserer Gesundheit, wodurch allein jener glückliche Körperzustand gewonnen wird. Konsequente Kräftigung und Abhärtung, eine mäßige und geregelte Lebensweise, genügende Bewegung in frischer Luft, dabei ernste, fleißige Arbeit führen am sichersten zu dem erstrebten Ziele. Namentlich sollte die Entwicklung des Körpers bei unserer Jugend sorgfältige Beobachtung finden, und die Körperpflege in diesen Jahren sollte der des Geistes nicht nachstehen. In einer sehr lesenswerten Schrift, „Die Erziehung der deutschen Jugend", hat Herr Prof. P. Güßfeld im Jahre 1890 auf die Notwendigkeit der gesundheitlichen und körperlichen Ausbildung der Schüler hingewiesen: die Schulen sollen Stätten harmonischer Ausbildung werden; körperliche Übungen, Turnen, Zimmergymnastik, Schlittschuhlaufen ꝛc. sollen mit der geistigen Ausbildung Hand in Hand gehen, besonders weist er auf die Bedeutung der Spiele hin. In dieser Beziehung bringe ich den von Herrn v. Schenckendorff angeregten Jugendspielen das größte Interesse entgegen, und ich halte deren Verbreitung für sehr wünschenswert. Ihre allgemeine Einführung wird uns ganz wesentlich helfen, eine Jugend zu erziehen, welche stark genug ist, wenn es notwendig werden sollte, das Vaterland siegreich mit den Waffen zu verteidigen, aber auch gesund und kräftig genug, um sich zu schützen gegen die umschwebenden, unsichtbaren Feinde, die Krankheitserreger. Diese werden ihre verheerende Wirkung ebensowenig äußern können, wenn wir den Körper kräftigen und widerstandsfähig erhalten, als wenn wir das Eindringen der Bazillen in den Körper durch hygienische Maßregeln unmöglich machen. Dieser letztere Weg ist bei unseren heutigen Erfahrungen nicht weniger wichtig und aussichtsreich, und es ist unsere Pflicht, ihn zu betreten und im direkten Kampf gegen die Krankheitskeime, wo auch immer wir ihre Anwesenheit erkannt haben mögen, ihre möglichst vollständige Vernichtung anzustreben.

www.ingramcontent.com/pod-product-compliance
Lightning Source LLC
LaVergne TN
LVHW021544021026
849161LV00005BA/1025